Clap ! Éditions
42 avenue Jean Jaurès,
89000 Auxerre
France

www.clapeditions.fr

© Clap ! Éditions 2022

La bouche *ou* la douche ?

25 jeux pour déjouer

les **pièges de lecture**

Ce cahier appartient à

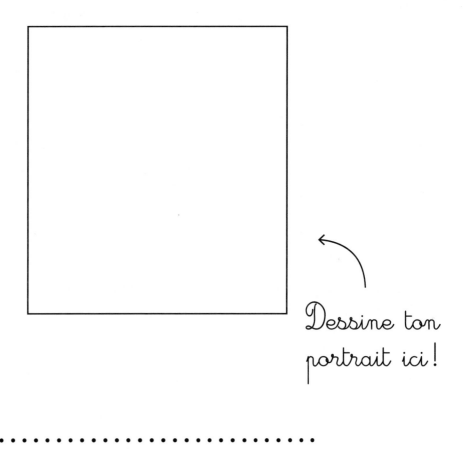

Dessine ton portrait ici !

. . . .

b d

Feu d'articifice !

C'est la fête !
Lis tous les mots à haute voix.

tadam

boum

ding

Les courses de la sorcière

La sorcière se rend au supermarché et elle achète uniquement des choses contenant la lettre «**d**». Coche sur la liste tout ce qu'elle doit prendre.

- ☐ dentifrice de dragon
- ☐ babouches bariolées
- ☐ limonade d'escargots
- ☐ crabes géants
- ☐ salade de tarentules
- ☐ dinde dodue
- ☐ six belles blattes brunes
- ☐ steak de dinosaure
- ☐ marmelade de cafards
- ☐ bonbons baveux
- ☐ banane pourrie
- ☐ biscuits maléfiques
- ☐ pommade diabolique
- ☐ un babouin à la betterave
- ☐ balai « Superbolide »
- ☐ baies empoisonnées

La toilette de Barbe Bleue

Complète les mots avec la lettre «**b**» ou «**d**».

...ragon

ca...re

...oudou

...outeille

...ol

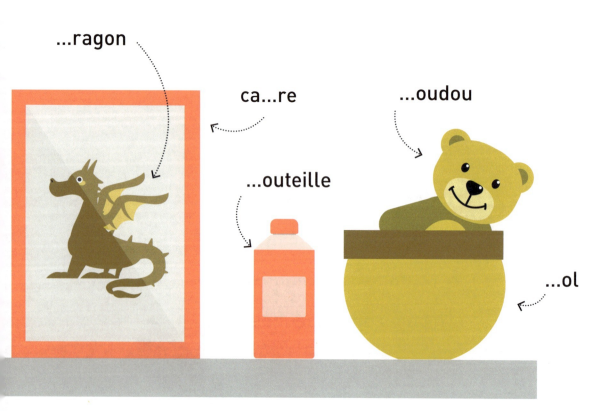

...riques

....arbe

....entifrice

...rosse à dent

ro...inet

....entier

lava...o

Coche la bonne réponse !

Pour chacune de ces phrases,
trouve la bonne orthographe.

La sorcière est...

- ☐ bossue
- ☐ dossue

Attention à la...

☐ bombe
☐ dombe

Le roi est...

☐ malabe
☐ malade

Bob s'est brûlé le...

☐ boigt
☐ doigt

m n

Les conserves du lutin

Le lutin prépare ses réserves pour l'hiver.
Lis tous les mots à voix haute !

nougat
mangue
épinard
myrtille
terrine
clémentine
tournesol
mûre
ananas

La reine part en vacances

La reine part au soleil. Dans sa valise elle ne veut que des objets contenant la lettre «**m**».
Coche sur la liste tout ce qu'elle doit prendre.

- ☐ doudou sirène
- ☐ palmes
- ☐ mouchoirs
- ☐ bikini
- ☐ pyjama
- ☐ lunettes de soleil
- ☐ brosse à dent
- ☐ dominos
- ☐ imperméable
- ☐ pantalon
- ☐ sandales
- ☐ jumelles
- ☐ crème solaire
- ☐ miroir
- ☐ téléphone
- ☐ ballon

La maison de la forêt

Complète les mots avec la lettre «**m**» ou «**n**».

...uage

...ontagne

...eige

che...in

ca...ard

...id

che...inée

caba...e

li...ace

...armotte

re...ard

Coche la bonne réponse !

Pour chacune de ces phrases,
trouve la bonne orthographe.

Quel gentil...

☐ magicien
☐ nagicien

L'enchanteur
a réalisé
un nouveau...

☐ remède
☐ renède

Jiji a des
nouvelles...

☐ lumettes
☐ lunettes

Ce chien est...

☐ méchant
☐ néchant

ft

Le spectacle va commencer !

Les spectateurs sont bien bruyants dans cette salle...
Lis tous les mots à voix haute !

Pfff...

Paf !

Chut !

Ouf !

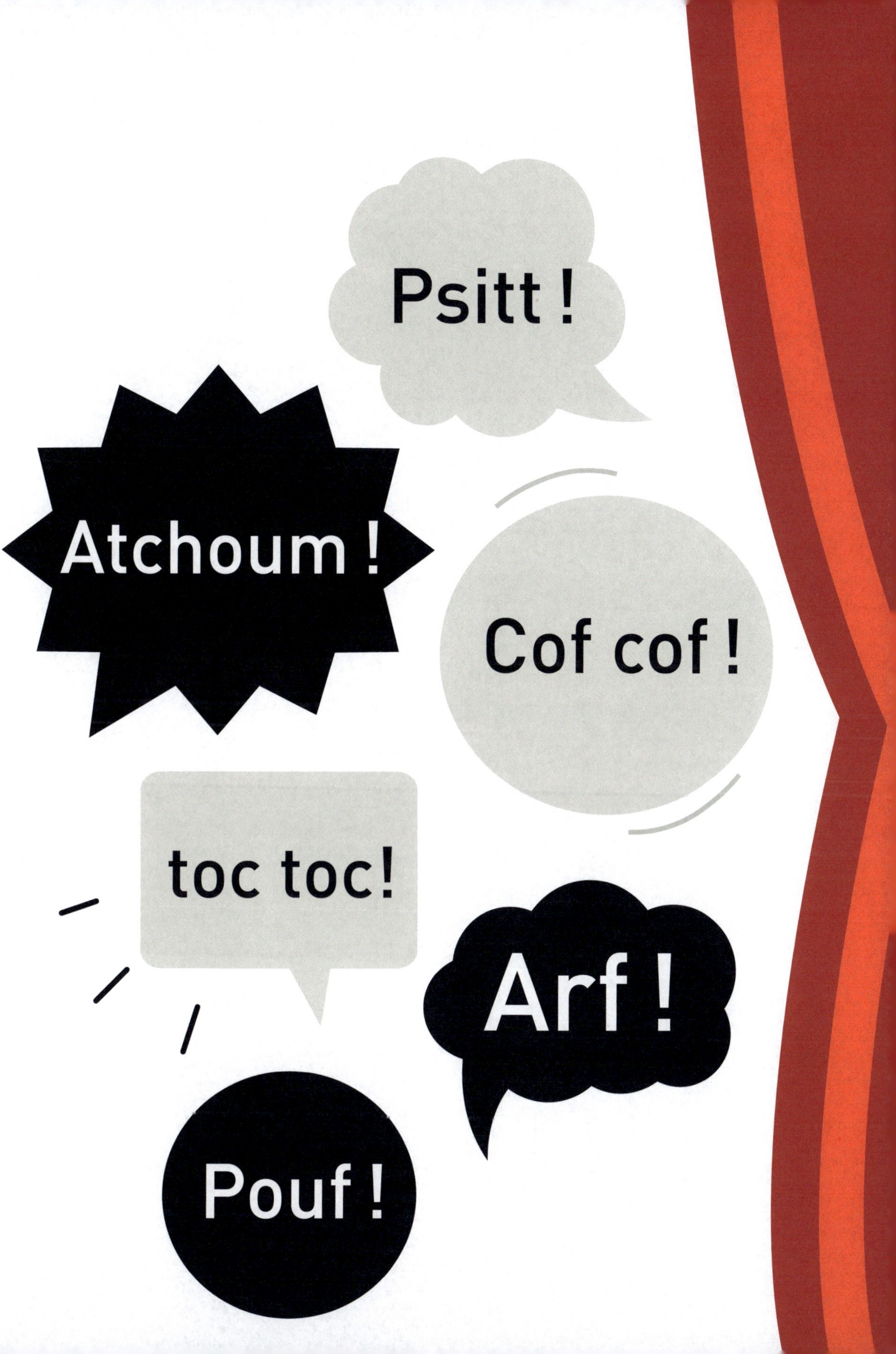
Psitt !
Atchoum !
Cof cof !
toc toc!
Arf !
Pouf !

La princesse sauve le prince

Pour protéger le prince d'un terrible danger, la princesse doit accomplir toutes les épreuves contenant la lettre «**f**». Entoure sur la liste tout ce qu'elle va devoir faire.

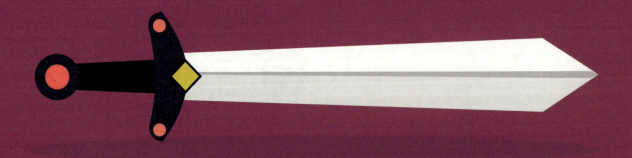

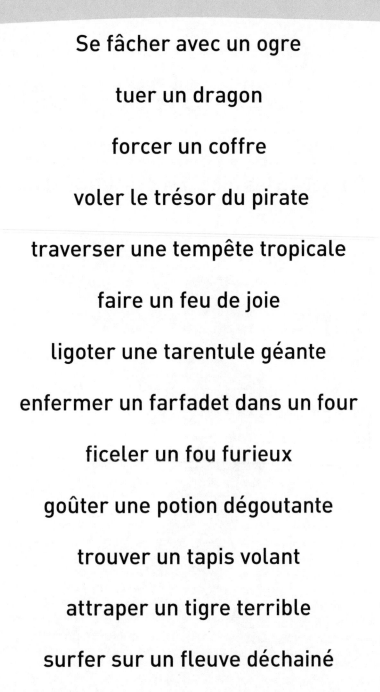

Se fâcher avec un ogre

tuer un dragon

forcer un coffre

voler le trésor du pirate

traverser une tempête tropicale

faire un feu de joie

ligoter une tarentule géante

enfermer un farfadet dans un four

ficeler un fou furieux

goûter une potion dégoutante

trouver un tapis volant

attraper un tigre terrible

surfer sur un fleuve déchainé

Le cirque

Complète les mots avec la lettre «**f**» ou «**t**».

chapi...eau

...eu

...utu

baske...

...icket

1 PLACE ★

domp...eur

acroba...e

...leur

...igre

crava...e

Coche la bonne réponse !

Pour chacune de ces phrases,
trouve la bonne orthographe.

L'ogre est...

☐ fatigué
☐ tatigué

Le bébé porte une belle...

☐ mousfache
☐ moustache

Quel délicieux...

☐ parfum
☐ partum

Le pirate a trouvé un...

☐ frésor
☐ trésor

Le message secret

Tu es à mi-parcours, pour pouvoir continuer ton aventure, lis la formule magique à voix haute...

L'énorme
chèvre
de l'austère
mémère
s'est échappée
la nuit dernière.
Quelle galère !

Petit ogre a fini l'école

Youpi l'école est finie ! Petit ogre a fait sa liste d'envies pour les vacances ! Cette année il ne fera que des activités en «**é**» !

Coche dans sa liste tout ce qu'il va pouvoir faire.

☐ Jouer à la poupée

☐ Faire un jeu de société

☐ Aller au cinéma

☐ Monter dans une montgolfière

☐ Boire un thé avec ma mémé

☐ Observer les comètes avec mon père

☐ Se baigner dans la rivière

☐ Me déguiser en super-héros

☐ Jouer du ukulélé

☐ Faire un tour de manège

☐ Monter dans une calèche

☐ Siroter un délicieux granité

é è

Un dîner original

Complète les mots avec la lettre «**é**» ou «**è**».

...toile

cl...

f...e

sorci...re

vip...re

poup...e

canap...

araign...e

li...vre

fum...e

soupi...re

Coche la bonne réponse !

Pour chacune de ces phrases,
trouve la bonne orthographe.

Attention !
Ce château est...

☐ hanté
☐ hantè

**Le gorille
a trouvé un...**

☐ tréfle
☐ trèfle

**L'homme invisible
fait la...**

☐ poussiére
☐ poussière

**Le chevalier dort
avec son...**

☐ épée
☐ épèe

ou on

La bagarre

Félix le chat et Brutus le chien se disputent encore...
Lis tous les mots à voix haute !

Le menu du chef Marmiton

Le chef Marmiton ne cuisine que des menus en «**on**».
Entoure dans la liste les plats qu'il peut mettre à sa carte.

Entrées

Reblochon garni d'oignons

Salade de chou rouge

Soupe de poule

Plats

Cochon en deux cuissons

Potiron à ma façon

Oursin à la moutarde

Dindon aux marrons

Cuisse de grenouille

Rôti au four

Poisson aux épices du Japon

Desserts

Macaron au citron

Nougat du chef

Clafouti du jour

Une mauvaise rencontre...

Complète les mots avec les lettres «**ou**» ou «**on**».

papill....

coch....

mais....

citr....ille

....rs

champign....

p....le

Coche la bonne réponse !

Pour chacune de ces phrases,
trouve la bonne orthographe.

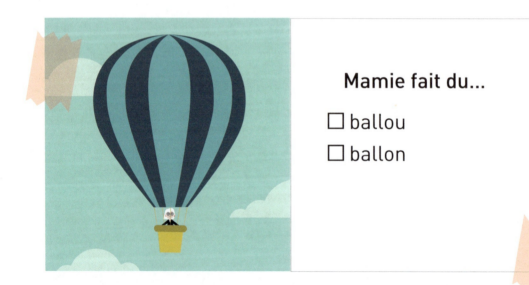

Mamie fait du...

☐ ballou
☐ ballon

La princesse a mangé trop de...

☐ bonbous
☐ bonbons

Il faut jeter ce vieux...

☐ chaussou
☐ chausson

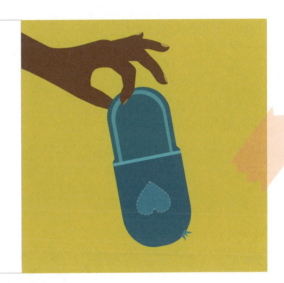

Le roi a mal dormi, il est...

☐ grognou
☐ grognon

ai oi

La lettre du roi

Le roi a reçu une lettre secrète,
mais il l'a déchirée après l'avoir lue...
Lis tous les mots à voix haute !

grimoire

mouchoir

aimer

miroir

ce soir

clairière

mais

défait

ne crois pas

poison

Pauvre Cendrillon...

Aujourd'hui, la belle-mère de Cendrillon lui demande
de ne faire que des tâches en «**oi**».
Entoure dans la liste tout ce qu'elle doit réaliser.

Se rendre au lavoir

Passer le balai dans tout le palais

Coiffer la reine

Lire une histoire au petit roi

Corriger ses devoirs

Plier les affaires

Traire les vaches

Rentrer le bois

Equeuter les petits pois

Nourrir les oies

Astiquer le manoir

Les lutins

Complète les mots avec les lettres «**oi**» ou «**ai**».

n....sette

n....x

framb....se

petit p....s

fr....se

ar....gnée

....seau

balanç....re

sac de gr....nes

bal....

Coche la bonne réponse !

Pour chacune de ces phrases,
trouve la bonne orthographe.

Je n'ai pas peur du...

☐ noir
☐ nair

Elle boit
un grand verre
de...

☐ loit
☐ lait

Une bien belle...

☐ poire
☐ paire

On a brûlé
un rondin de...

☐ bois
☐ bais

Voilà,
ton aventure
est terminée !

Bravo, tu
as déjoué tous
les pièges
de lecture.

Un dernier petit jeu pour se dire au revoir ?

Trouve ...

un métier
qui commence par la lettre **b**
et un qui commence par la lettre **d**.

....

un prénom féminin

qui contient la lettre **m**
et un qui contient
la lettre **n**.

....

....

un animal

qui contient la lettre **f**
et un qui contient
la lettre **t**.

....

....

un fruit

qui contient les lettres **ai** et un qui contient les lettres **oi**.

....

....

un objet

qui contient la lettre **é** et un qui contient la lettre **è**

....

....

un aliment

qui contient les lettres **ou** et un qui contient les lettres **on**

....

....

Retrouve tous nos **Flipbooks** et **cahiers d'activités**

pour en finir avec
les pièges de lecture !

www.clapeditions.fr

Et pour aller plus loin...

Découvre des vidéos **courtes et amusantes** pour partir à l'assaut de la lecture

sur notre chaîne YouTube !

Printed in France by Amazon
Brétigny-sur-Orge, FR

20885916R00042